LIEBESTRANK & ZAUBERELIXIERE

50 REZEPTE FÜR SINNLICHE STUNDEN

TITANIA HARDIE

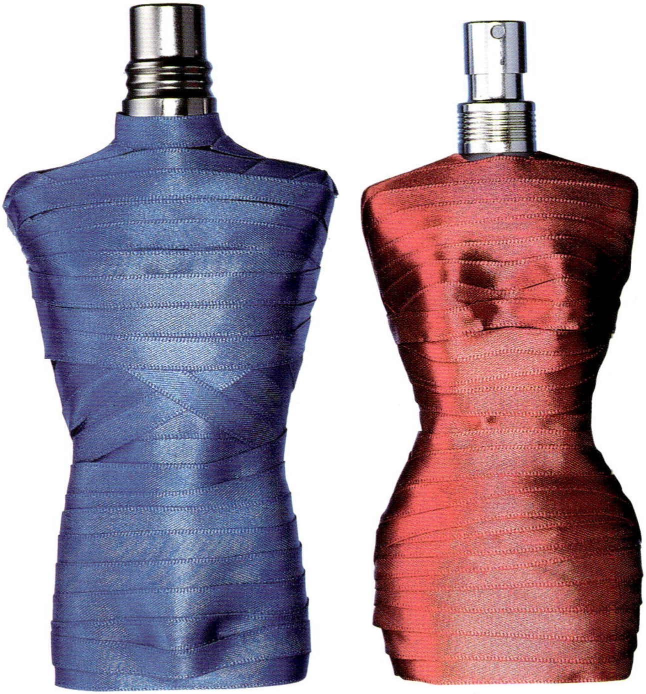

LIEBESTRANK & ZAUBERELIXIERE

50 REZEPTE FÜR SINNLICHE STUNDEN

TITANIA HARDIE

Mosaik

„Ihr sollt noch trinken lernen, eh' Ihr reist!" Hamlet, William Shakespeare

Dieser kleine Band richtet sich speziell an Annelise Mary Ebbeck - die Liebesgöttin meiner Teenagerjahre: Liebe Lisa, wo steckst du jetzt? Und sie gelten allen mit den großen weiten Herzen, all den kleinen Hexen auf der Welt. Bleibt dabei, Liebe, Freude, guten Willen und Toleranz zu verbreiten und wir werden irgendwann die Jahrhunderte von Missverständnissen beenden. Macht weiter so!

Originaltitel: Love Potions

Lektorat, Satz und dtp: Redaktionsbüro Kramer, Weißenfeld/München
Übersetzung: Antoinette Gittinger, München und Suzanne Bürger, München
Umschlaggestaltung: Heinz Kraxenberger, München
Druck und Bindung: Shenzen Donnelley Bright Sun Printing Co. Ltd., China
Printed in China
ISBN: 3-576-11670-2

Einführung

✿ Der Verlockung einer erotischen Ausstrahlung in Verbindung mit einem zauberkräftigen Trank vermag kaum jemand zu widerstehen. Das ist das einfache Geheimnis eines Liebescocktails! Eine berauschende Alkoholbasis, aromatisiert mit ausgewählten Kräutern und köstlich duftenden Früchten und Blüten wird hierbei so bemessen, dass der Trank Aufgeregte angenehm entspannt oder träge Charakter in Erregung versetzt! Mixen Sie jemandem einen Liebescocktail – und Sie begegnen sich auf einer erotischen Ebene, auf der Sie einander mit ganz neuen Augen und Sinnen wahrnehmen. ✿ Diese bewährten Mixturen eignen sich aber auch für Situationen, die nicht allein auf Liebe und Romantik abzielen: Sie können damit auch bei einer Feier unter Gästen für eine heitere Stimmung sorgen oder zum Wohle lieber Verwandter einen kleinen Zauber wirken lassen ... Einige Rezepte entführen Sie ins Badezimmer und ins Schlafzimmer, wo Sie die Liebeswässer an Ihren Lieblingsplätzen versprengen können. Die fürs Bad gedachten Mixturen sind besonders wichtig, bewirken sie doch, dass Sie sich selbst gegenüber eine positive Einstellung bekommen – was letztlich den größten Zauber ausübt, wenn Sie eine Liebesbeziehung suchen oder neu entfachen wollen. ✿ Auf den folgenden Seiten sagen wir Ihnen, welche Behältnisse und Utensilien Sie zur Zubereitung Ihrer Liebestränke benötigen: Kelchgläser, Krüge und Karaffen, Parfum-Phiolen und sogar „Giftringe“, mit denen Sie eine gewünschte Stimmung hervorrufen und die Wirksamkeit Ihrer Liebestränke noch steigern können. Einige davon eignen sich eher für sommerlich-warme, andere eher für eine kühle Witterung. Manche enthalten Alkohol, andere sind vollkommen alkoholfrei. Aber alle werden eine geliebte Person in romantische Stimmung versetzen und Ihrer Liebesbeziehung eine ganz neue Dimension verleihen. Wenn Sie mit diesen Liebestränken keine deutliche Wirkung hervorrufen können, dann haben Sie es mit dem falschen Menschen zu tun! ✿ Achten Sie in jedem Fall auf Schönheit und wählen Sie nur makellose Blüten und Kräuter und ansprechende Farben. Diese Faktoren spielen eine große Rolle und werden die Wirksamkeit des Zaubers erhöhen. Stehen Ihnen jahreszeitlich bedingt nur getrocknete Blumen oder Kräuter zur Verfügung – keine Angst, auch sie entfalten noch ihre Wirkkraft, aber versuchen Sie,

sich von wenigstens einer Zutat frische Blätter zu beschaffen, um den getrockneten ein schöneres Aussehen zu verleihen. ✿ Viele Kräuter und bestimmte kleine Blumen (etwa Lavendel, Veilchen oder Schlüsselblumen) lassen sich in Töpfen auf der Fensterbank oder auf dem Balkon denkbar einfach anpflanzen. Es macht noch mehr Spaß, in Zauberrezepten selbst gezogene Pflanzen zu verwenden, und wenn Sie sie mit Hingabe hegen und pflegen, dürften sie eine noch stärkere Wirkung und Magie entfalten! ✿ Aber nun ist es an der Zeit, diese neue Zaubersprache zu erlernen und einige betörende Botschaften zusammenzustellen! Nutzen Sie alle Möglichkeiten, Ihren Zauber zu verströmen – versenden Sie hübsche, von Hand geschriebene Einladungen (mit duftender Tinte natürlich) zu einem zauberhaften Nachmittagstee. Und besorgen Sie dazu wunderhübsches Porzellan – am besten mehr als ein Service, um für die passende Stimmung und Atmosphäre das jeweils richtige zu haben – wahrscheinlich sollen es ohnehin nur zwei Tassen und eine Kanne sein! ✿ Wenden Sie Ihren Zauber stets nur bei Menschen an, die ungebunden sind und Ihrer Liebeseinladung folgen können: Wildern Sie nicht in fremden Gehegen! Hexen müssen machtvoll, aber auch gut und weise sein. ✿ In diesem Sinne mögen Ihre Vorhaben von Erfolg gekrönt sein!

Das Selbst würdigen

✿ Wir beginnen mit einem kurzen Ritual, damit Sie sich voller Energie, selbstbewusst und rundum bezaubernd fühlen! Ihre Magie wird sich weitaus besser entfalten und Ihre Zauberwirkung sehr viel magnetischer sein, wenn Sie mit diesem einfachen Rezept beginnen, um Ihr Selbstvertrauen aufzubauen. Lassen Sie es also nicht aus ... ✿ Stellen Sie dieses Ritual stets Ihren magischen Momenten und dem Mixen von Liebestränken voran. Es ist einfach durchzuführen und Sie werden danach spüren, dass Sie Ihre Angelegenheiten wirklich im Griff haben. Alles Magische wirkt am besten, wenn Sie ganz gelassen und selbstverständlich an sich selbst glauben.

SIE BENÖTIGEN:

Ein kleines Foto von Ihnen selbst; eine Nadel mit weitem Öhr sowie schmale Bänder (verschiedenfarbig oder Rosatöne); einen kleinen, herzförmigen Rahmen, vorzugsweise aus Silber; kleine Votivkerzen (rosa oder weiß); einen Rosmarinzweig; ein Glas mit Ihrem Lieblingswein.

✿ WARTEN SIE AUF EINE NACHT, IN DER VOLLMOND IST ODER ZUMINDEST FAST VOLLMOND. ✿ ERRICHTEN SIE AN EINEM GANZ SPEZIELLEN, RUHIGEN ORT IN IHRER WOHNUNG EINEN KLEINEN ALTAR UND SCHMÜCKEN SIE IHN TÄGLICH MIT FRISCHEN BLUMEN IN IHREN LIEBSTEN FARBEN. Am Abend der Vollmondnacht schneiden Sie dann Ihr Foto herzförmig zu, fädeln ein Bändchen in die Nadel ein und umsäumen das Foto mit schlichten oder auch kunstvollen Stichen. Rosatöne symbolisieren die Liebe. „Liebkosen" Sie sich selbst im Geiste – singen Sie, denken Sie an Schönes und Angenehmes, etwa an sonnendurchflutete Tage oder an Meer und Strand, und malen Sie sich aus, wie sich Ihre Liebesdinge zu Ihren Gunsten wenden. Diese mentalen Bilder und Vorstellungen sind sehr wichtig und werden mehr für Ihre Ausstrahlung tun als Sie sich träumen lassen! ✿ WENN SIE IHREN TALISMAN FERTIGGESTELLT HABEN, STECKEN SIE IHN IN DEN RAHMEN – ER SOLLTE MÖGLICHST AUS SILBER SEIN, DAMIT ER DIE ENERGIE DER MONDSTRAHLEN EINFÄNGT – UND STELLEN SIE IHN AUF IHREN KLEINEN ALTAR. Entzünden Sie an jedem Tag des Monats daneben eine kleine Kerze und stellen Sie sich jedesmal vor, wie sich Ihr positives Selbstbild mehr und mehr entfaltet. War Ihnen bisher Pech widerfahren, malen Sie sich aus, wie der abnehmende Mond (in den ersten zwei Wochen nach Vollmond) Sie von allen negativen Schwingungen reinigt. Betrachten Sie den zunehmenden Mond als Bote einer neuen Romanze und eines starken, unwiderstehlichen Selbst. Von nun an wird Ihnen in Liebesdingen deutlich mehr Glück widerfahren und Sie werden sich eins fühlen mit den Kräften des Mondes. ✿ NUN SIND SIE BEREIT, EINE LIEBESMIXTUR ZUZUBEREITEN …

1

ZAUBER COCKTAILS

Lassen Sie uns in unserer magischen Getränkekunde mit den berauschenden Drinks beginnen. Dabei mischen wir normale alkoholische Getränke mit ausgewählten Kräutern und Blüten, die im Liebestrank als Endorphinlöser wirken – mit anderen Worten, die Ingredienzien geben dem Drink erst den überragenden Wohlfühlfaktor. Die ersten Mixturen sind leicht herzustellen. Wenn Sie danach neugierig und ehrgeizig geworden sind, tiefer in die Geheimnisse der Zaubertränke einzusteigen, beschäftigen Sie sich etwas intensiver mit den Drinks am Schluss, die ein wenig Destillierkunst erfordern. Die Mühe lohnt sich. Als Empfänger Ihres Liebestranks wählen Sie einen Menschen, der es auch wirklich wert ist, von Ihnen verhext zu werden – und der Ihnen dann auch seine ungeteilte Liebe schenken kann.

Süßer Veilchenwein

✿ Die alten Griechen haben das Veilchen hoch verehrt. Als Symbol der Fruchtbarkeit war es eine der beliebtesten Zutaten von Liebeselixieren. Diese Blume vermittelt uns ein Gefühl von Gesundheit und Glück, ihre Wirkstoffe lassen die Haut matt schimmern. Veilchen hinterlassen einen wunderbaren Nachgeschmack im Mund und sorgen für guten Atem. Bieten Sie diesen Trank Ihrem Liebsten an – aber auch Ihnen wird der Geschmack gefallen.

Sie benötigen:

125 g frische Veilchen oder 1 Teelöffel getrocknete; 500 g Zucker;
3 Veilchen pro Person zur Dekoration; eine Flasche sehr trockenen Weißwein

✿ Zwei Tage vor der Herstellung des Tranks legen Sie die frischen oder getrockneten Blüten in 500 ml kochendes Wasser, setzen Sie einen Deckel darauf und lassen Sie die Mischung 12 Stunden ziehen. Einen Tag, bevor Sie den Trank servieren wollen, gießen Sie ihn in einen Topf mit festem Boden und fügen den Zucker hinzu. Bringen Sie alles langsam zum Kochen, schalten Sie den Herd herunter und lassen Sie die Flüssigkeit etwa eine Stunde auf kleiner Flamme köcheln, bis sie wie Sirup aussieht. Lassen Sie sie abkühlen und gießen Sie sie in eine Flasche, die Sie mit einem Korken verschließen. ✿ An dem Tag, an dem Sie Ihren Trank servieren wollen, tauchen Sie die zum Dekorieren vorgesehenen Veilchen kurz in den Likör, gießen die Flüssigkeit ab und bestäuben die Veilchen leicht mit Zucker. Lassen Sie sie zehn Minuten trocknen. Stellen Sie rechtzeitig Glaskelche in das Tiefkühlfach, damit sie sich mit einer Frostschicht überziehen. Zum Schluss füllen Sie zwei Teelöffel des Veilchensuds in jedes Glas, gießen mit Weißwein auf und verteilen die Blumen darüber. Servieren Sie den Liebestrank sofort und beobachten Sie, wie die Stimmung steigt.

Sommererdbeeren

Wilde Erdbeeren haben eine sehr positive Wirkung auf das Verdauungssystem und wirken äusserst erfrischend. Das bestätigen auch medizinische Untersuchungen. Vielleicht deshalb führt ein Essen, bei dem ein Erdbeerdrink serviert wurde, zu einer spielerischen, harmonischen Stimmung, und nicht zu einem Völlegefühl, das der Leidenschaft abträglich ist. Erdbeeren haben außerdem viel Eisen und Pottasche und eignen sich hervorragend, um die Lebensgeister Ihres erschöpften Geliebten wieder aufzumuntern. Wenn Sie glauben, dass Müdigkeit und Monotonie Sie davon abhalten, die Liebe zu genießen, versuchen Sie Folgendes:

Sie benötigen:
Eine Hand voll frischer Erdbeerblätter oder 1 Teelöffel getrockneter; 1 Tasse Weißwein; eine gepresste Zitrone; 2 Teelöffel Zucker (oder nach Belieben); 100 g wilde Erdbeeren (ersatzweise ein Korb Zucht-Erdbeeren); eine Flasche guten Champagner

Stellen Sie zuerst aus den Blättern einen Sud her. Dafür lassen Sie sie in 500 ml Wasser zehn Minuten lang sieden, bis die Flüssigkeit bis zur Hälfte verkocht ist. Stellen Sie den Topf zum Abkühlen zur Seite. Dann gießen Sie die Flüssigkeit in einen Krug, fügen den Wein, Zitronensaft und Zucker (wenn gewünscht) hinzu. Stellen Sie diese Mischung für einige Stunden in den Kühlschrank – am besten von morgens bis abends. Kühlen Sie zwei Gläser mindestens eine halbe Stunde im Gefrierfach vor. Zum Servieren schneiden Sie die Erdbeeren entweder in zwei Hälften oder in dünne Scheiben, legen Sie sie in die Gläser und füllen die gekühlte Mischung nach. Zum Schluss kommt der eiskalte Champagner darüber. Dekorieren Sie die Glasränder mit je einer Erdbeere. Schon nach ein paar Schlucken fühlen Sie sich gestärkt und aufgeheitert.

Borretsch und die Seligkeit

Kein Kraut ist mit Borretsch vergleichbar. Dieser Pflanze sagte man schon immer nach, sie erzeuge ein sanftes Glücksgefühl. Jetzt ist bewiesen, dass sie tatsächlich den Adrenalinspiegel erhöht und Depressionen bekämpft. Wenn Sie die schöne blaue sternenförmige Pflanze in einem Topf oder im Garten züchten, können Sie mit den Blüten allerlei Experimente anstellen, Ihre Getränke und sogar Ihre Mahlzeiten damit bereichern. Als Trank eignet sich Borretsch hervorragend, eine kriselnde Beziehung wieder neu zu beleben oder einer vielversprechenden Bekanntschaft Schwung zu geben. Für den Winter gibt es auch eine Borretsch-Glühwein-Variante.

Sie benötigen:
den Saft einer Zitrone; 2 Teelöffel Honig; 2–3 zerkleinerte Borretschblätter oder 2 Teelöffel Borretschtee; 500 ml hochprozentigen Weißwein (etwa 13 %)

Stellen Sie zuerst eine Limonade her, indem Sie 500 ml heisses Wasser gut mit Zitronensaft und Honig vermischen und dann in den Kühlschrank stellen. Reichern Sie diese Mischung mit den Borretschblättern und -Blüten (oder dem Tee) an und lassen Sie sie eine weitere Stunde abkühlen. Gießen Sie eine Stunde vor dem Servieren die Borretsch-Limonade zusammen mit dem Wein in eine Karaffe und stellen diese noch einmal in den Kühlschrank, damit sich alles gut vermischt. Passieren Sie dann die Borretschblätter durch, fügen aber die Blüten im Ganzen zu und servieren das Getränk in bläulichen Gläsern.

Ästhetik und Wirksamkeit steigen, wenn Sie einige Borretscheiswürfel hinzufügen. Dafür füllen Sie eine Eisschale mit Wasser, legen in jedes Fach eine Blüte und stellen es ins Gefrierfach. So haben Sie auch für lange Zeit einen Blütenvorrat.

Marienblatt-Trank

✿ Dieses basiert auf einem köstlich duftenden, würzigen Kraut, das aus der Mode gekommen war, aber gerade sein Comeback erlebt. Wenn Sie es bei einem Händler bestellen, bekommen Sie es unter den Namen Marienblatt oder Frauenblatt oder unter lateinischen Namen Balsamita maior, Tanacetum balsamita oder Chrysanthenum balsamita. Diese Pflanze hat einen Minzgeschmack, wenn sie erhitzt bzw. dem Essen oder Getränken hinzugefügt wird, riecht sie aber eher nach Zitrone. Sie besitzt eine stärkende Wirkung und macht munter; genau der richtige Trank, wenn Ihr Partner für amouröse Abenteuer stets zu müde ist. Die Blätter werden häufig mit anderen Kräutern vermischt, um deren Duft zu verstärken. Versuchen Sie dieses Rezept, wenn Sie eine Beziehung intensivieren wollen.

Sie benötigen:

15 g getrocknetes Marienblatt; 30 ml Wodka oder Kirschschnaps; Zitronenscheiben; ein paar gezuckerte Rosenblätter für die Dekoration; etwas Zitronensaft

✿ Lassen Sie das Kraut zehn Minuten lang in 250 ml frisch abgekochtem Wasser ziehen, pressen Sie es durch und stellen es kalt. Das Elixier stellen Sie her, indem Sie einen Schuss Wodka oder Kirsch in ein Whiskyglas gießen, Eis und Zitronenschnitze hinzufügen und die doppelte Menge Sud aufgießen (ungefähr 60 ml der Flüssigkeit). Dekorieren Sie das Glas mit Rosenblättern, die in Zitronensaft getaucht und mit Zucker bestreut wurden. Die volle Aufmerksamkeit Ihres Liebsten ist Ihnen jetzt sicher.

✿ Verstärken Sie die Wirkung, indem Sie einige Blätter Ihrer Lieblingsduftmischung hinzufügen (möglichst eine Mischung auf Rosen- oder Zitronenbasis). Stellen Sie diese Mixtur in die Nähe Ihrer Sitzecke. Der Duft wird Sie und Ihren Partner auf aufregende Gedanken bringen.

Lachende Holunderblüten

Dieses ausgesprochen sommerliche Rezept macht etwas mehr Mühe, weil Sie als Grundlage einen Holunderblütenchampagner herstellen müssen. Wenn Sie dafür keine Zeit haben, können Sie Holundersirup in eine Flasche Champagner gießen und haben Ihre Grundlage. Aber es ist nicht das Gleiche. Die magische Kraft des Holunders ist längst bewiesen – früher wurde der Holunderbaum ausschließlich mit Hexerei in Verbindung gebracht – weswegen Sie die Blüten möglichst selbst behandeln sollten. Der Geruch ist herrlich. Wenn man dieses Getränk in Gesellschaft eines potenziellen Geliebten trinkt, soll für viele Jahre eine sehr starke Bindung entstehen. Versuchen Sie's!

Sie benötigen:
10 sehr große ganz geöffnete Holunderblütenköpfe; 2 Liter reines Brunnenwasser; 250 g Zucker;
2 in Scheiben geschnittene Zitronen; einen Spritzer Weißweinessig;
ein paar Veilchen- oder Fliederblüten für die Dekoration

Sorgen Sie dafür, dass die Köpfe der Holunderblüten sauber und trocken sind. Bringen Sie das Brunnenwasser in einem Kessel zum Kochen. Nehmen Sie ihn vom Feuer und lösen Sie den Zucker unter ständigem Rühren im Wasser auf. Legen Sie den Deckel darauf und lassen Sie die Flüssigkeit abkühlen. Erst dann geben Sie die Holunderblüten hinein und rühren behutsam um. Danach fügen Sie die Zitronenstücke und einen Spritzer des weißen Weinessigs hinzu. Legen Sie wieder einen Deckel auf und lassen Sie das Ganze drei Tage an einem kühlen Ort ziehen. Pressen Sie das Gemisch durch ein Tuch und füllen Sie dann die Flüssigkeit in saubere, sterilisierte Flaschen. Sie müssen sie sorgfältig verschließen – und es empfiehlt sich, die Korken mit Draht zu sichern, damit die Flaschen nicht explodieren. Lassen Sie die Flaschen ungefähr eine Woche stehen und kühlen Sie sie dann gut. Servieren Sie den Trank in gekühlten Gläsern und streuen Sie ein paar Veilchen oder Fliederblüten darüber. Diese Mischung ist ziemlich berauschend – und entflammt die Sinne! Setzen Sie sich danach nicht ans Steuer!

Pudding für die Liebe

✿ Auch dieses Rezept erfordert etwas Mühe. Aber es wirkt einschmeichelnd wie ein Pudding bei Kindern, wenn Sie die Gefühle einer Person für sich entfachen wollen. Das Geheimnis ist, dass Sie sich völlig entspannen können und das Rezept wirken lassen. Obwohl es etwas Zeit erfordert, ist es besonders geeignet für alle die, die keine frischen Kräuter und Blumen aus dem Garten holen können. Wenn Sie auf den Supermarkt angewiesen sind, ist das Ihr ideales Elixier!

Sie benötigen:

450 g reife Beeren nach Saison, zum Beispiel Himbeeren, Blaubeeren, Brombeeren oder rote und weiße Johannisbeeren; 225 g Zucker; eine Flasche Dessertwein (z. B. Muskateller, Beaume de Venise oder Sauternes; Rosenblätter oder andere Blütenblätter für die Dekoration

✿ Nehmen Sie eine Mischung unterschiedlichster Beeren, um die stärkste und köstlichste Wirkung zu erzielen. Schichten Sie die Beeren in saubere, sterilisierte Krüge und streuen Sie über jede Schicht Zucker. Bevor Sie den Rand des Krugs erreichen, füllen Sie mit dem Dessertwein auf. Dann verschließen Sie die Krüge und stellen sie an einen kühlen Platz. ✿ Lassen Sie alles mindestens eine Woche lang ziehen, bevor Sie von der herrlich duftenden Mixtur kosten. Servieren Sie sie als Süßspeise mit einem Esslöffel griechischen Jogurt und etwas Rohzucker obenauf. Streuen Sie Rosenblüten oder andere Blüten darüber – hier bietet sich auch Flieder an, der die Sinne erregt und den Liebestrank noch stärker wirken lässt.

2

HERZENS BRECHER

HIER GEHT ES DARUM, DIE SINNE ZU REIZEN, ohne einen Rausch zu bekommen. Wenn Sie keinen Alkohol trinken oder später noch Auto fahren müssen, finden Sie in diesem Kapitel die idealen Getränke. Kein Drink enthält Alkohol, und trotzdem schmecken sie köstlich. Wenn Sie mögen, können Sie jedoch die meisten dieser Herzensbrecher noch mit einem Glas Champagner oder Wein veredeln. Versuchen Sie, die Zutaten frisch zu bekommen; getrocknete Kräuter und Blumen tun es zwar auch, aber ihre Wirkung ist nicht so stark wie die der frischen.

Wahre Liebe

AUF DEN NÄCHSTEN SEITEN WERDEN IMMER WIEDER ROSEN AUFTAUCHEN. Das Wort, dass Rosen Balsam sind für Haut und Seele basiert auf der Tatsache, dass Rosen die Grundlage für mehr als 95 % aller weiblichen Düfte sind. Die Blütenblätter galten außerdem in der Medizin lange Zeit als Mittel zur Aufheiterung und zur Milderung von Depressionen. Insbesondere die Rosa damascena soll gut sein für jene, denen es an Liebe mangelt, während die Rosa centifolia, Grundstoff des französischen Rosenöls, als Aphrodisiakum gilt. Finden Sie also einen erstklassigen Lieferanten für diese Zauberblumen und mixen Sie dann Ihren Zaubertrank.

SIE BENÖTIGEN:

Die Blütenblätter von 5–6 frischen Blüten der Rosa centifolia oder der R. damascena oder 20 g getrocknete Blätter (von guten Kräuterhändlern); 50 ml Honig; Mineralwasser mit Kohlensäure; extra Rosenblätter für die Dekoration

ERWÄRMEN SIE DIE BLÜTENBLÄTTER UND DEN HONIG UND LASSEN SIE DIE MISCHUNG UNGEFÄHR ZEHN MINUTEN KÖCHELN, BIS DER HONIG DEN ROSENDUFT AUFGESOGEN HAT. Pressen Sie die Mischung durch ein Tuch und lassen Sie sie abkühlen. FÜR EINEN ROMANTISCHEN COCKTAIL, der Ihren Liebsten entspannt und Sie selbst in einem traumhaften Licht erscheinen lässt, geben Sie einen Esslöffel der Mischung in ein gekühltes Glas, gießen Mineralwasser hinzu und rühren alles um. Geben Sie Eiswürfel ins Glas und dekorieren Sie das Ganze mit ein paar Blütenblättern. Göttlich!

Primel-Tee

✿ Dies ist ein wunderbarer Trank für ein aufregendes erstes Date oder für ein Treffen nach einem Streit! Primeln und Sumpfdotterblumen (die für diesen Drink austauschbar sind), besitzen die wunderbare Eigenschaft, die Nerven zu beruhigen und eine Panikattacke zu vermeiden. Ein Primel-Tee hilft einem Paar zur Entspannung, ist ein Augenschmaus und schmeckt himmlisch! Versuchen Sie es!

Sie benötigen:

30 g frische (wenn möglich) oder 1 Esslöffel getrocknete Schlüsselblumen/Sumpfdotterblumen; den Saft einer halben Zitrone; Zucker nach Geschmack

✿ Bereiten Sie mit etwa 750 ml Wasser und den Blüten einen Tee zu. Verwenden Sie eine Teekanne mit einem Tee-Ei, so dass alle Wirkstoffe der Blüten erhalten bleiben. ✿ Bevor Sie eingiessen, pressen Sie etwas Zitronensaft in die Kanne und geben eine Prise Zucker hinzu (weniger als einen Teelöffel, es sei denn, Sie sind eine ganz Süße!). Servieren Sie den Trank in hübschen bunten Tassen – das macht gute Laune und löst die Angst. ✿ Wenn Sie noch eine frische Blüte übrig haben und zur Dekoration auf den Drink geben, umso besser. Vergessen Sie nicht, auch ein paar frische duftende Kräuter und Blüten auf den Teetisch zu stellen.

Herzensblume

Das schöne wilde Stiefmütterchen Viola tricolor war zusammen mit dem Veilchen eine der beliebtesten Zusätze für die Liebestränke der alten Griechen und Römer und ihrer Nachfahren. Diese kleine Zauberblume beruhigt die Gemüter und ist ein wunderbares Stärkungsmittel für Herz und Blut. Sie bekämpft die Erschöpfung nach einem überlangen Tag und verleiht Ihrem Teint einen wunderbaren Schimmer. Ein ausgezeichneter Trank für Liebende, die etwas den Schwung verloren haben.

Sie benötigen:

den Saft einer Zitrone; 2 Teelöffel Zucker; 75 g Blüten und Blätter des wilden Stiefmütterchens – die Blätter klein geschnitten, die Blüten ganz; Mineralwasser mit Kohlensäure oder Holunderblütenwasser zum Servieren; ein Zitronenschnitz und 1–2 frische Blüten zum Dekorieren

Stellen Sie eine Limonade her, indem Sie die Zitrone und den Zucker in 500 ml kochendem Wasser auflösen. Rühren Sie alles gut um. Stellen Sie die Mischung zum Abkühlen zur Seite und weichen Sie die Blüten und Blätter der Stiefmütterchen darin ein. Nach mindestens einer Stunde bringen Sie die ganze Mischung nochmals für 30 Sekunden zum Kochen. Nehmen Sie sie danach vom Herd, lassen Sie sie abkühlen und stellen Sie sie anschießend ins Gefrierfach. Zum Servieren geben Sie die Flüssigkeit in ein hohes Glas und füllen es zur Hälfte mit Mineralwasser oder Holunderblütenwasser auf. Dekorieren Sie das Ganze mit einem Zitronenschnitz und eventuell noch mit ein bis zwei frischen Blüten.

Sommerglück

Diese Dreikräutermischung eignet sich ideal, wenn Sie eine ganze Gruppe Menschen aufheitern wollen. Das Elixier ist nicht speziell für die Liebe gedacht, sondern soll eher ein allgemeines Glücksgefühl erzeugen. Mixen Sie diesen kleinen Cocktail, wenn Sie Gastgeberin eines Familientreffens sind und keine Spannungen aufkommen lassen wollen. Natürlich eignet sich der Sommerdrink auch ausgezeichnet dafür, Ihren Partner aufzuheitern, wenn er niedergeschlagen ist, gesundheitliche Probleme hat oder unter Stress im Beruf leidet.

Sie benötigen:
15 g frische Majoran-(oder Oregano-)Blätter oder 1 Teelöffel getrocknete; 15 g frische Zitronenbalsamblätter oder 1 Teelöffel getrocknete; 5 Blüten der Rosa gallica oder der R. damascena; 2 Teelöffel Zucker; Saft einer Zitrone sowie einige Zitronenschnitze; eine Flasche kohlensäurehaltiges Mineral- oder Sodawasser

Lassen Sie alle Zutaten, außer dem Mineralwasser, in einem kleinen Topf ungefähr eine Stunde lang ziehen. Dann fügen Sie einen Esslöffel Wasser hinzu und erwärmen das Ganze einige Minuten. Lassen Sie es abkühlen und gießen Sie dann alle Ingredienzen in die Mineralwasserflasche. Drehen Sie die Flasche ein paarmal um und stellen Sie sie dann zum Abkühlen in den Kühlschrank. Zum Servieren gießen Sie den Trank durch ein Teesieb in ein Glas mit gestoßenem Eis und dekorieren ihn mit ein paar Zitronenschnitzen. Wenn Ihre Gäste es etwas kräftiger mögen, fügen Sie einen Schuss Wodka hinzu – das schmeckt köstlich!

Nelkenversprechen

✿ DIESER TRANK GILT ALS STARKES BLUMENTONIKUM. Nelken dienten schon immer dazu, Wein und Gerichte zu würzen, und für die Römer wie für die heutigen Italiener waren und sind sie ein Symbol leidenschaftlicher Liebe. Nelkenblüten besitzen einen ausgezeichneten Geschmack, der an Gewürznelken erinnert, aber Sie müssen die richtigen verwenden – die Blüten der Gartennelke. Wenn Sie diesen Liebeszauber mit jemandem teilen, den Sie recht gern mögen, könnte aus der Beziehung mehr entstehen.

SIE BENÖTIGEN:

1 Zimtstange; Blütenblätter von ungefähr 6 Gartennelken (ungefähr 100 g frische Blumen); eine Prise Ingwer; 100 g brauner Zucker; 500 ml Brunnenwasser; ein paar Tropfen Glyzerin; kohlensäurehaltiges Mineralwasser oder Limonade zum Servieren

✿ LEGEN SIE DIE ERSTEN FÜNF INGREDIENZEN IN EINEN KOCHTOPF UND BRINGEN SIE SIE UNTER STÄNDIGEM RÜHREN LANGSAM ZUM KOCHEN. Reduzieren Sie die Hitze und lassen Sie das Ganze ungefähr zehn Minuten auf kleiner Flamme weiter kochen. Wenn der Sirup dick wird, nehmen Sie den Topf vom Herd und lassen ihn abkühlen. Fügen Sie ein paar Tropfen Glyzerin hinzu, um die rosa Farbe zu intensivieren.

✿ SEIHEN SIE UNGEFÄHR 30 ML DIESER FLÜSSIGKEIT DURCH EIN TUCH IN EIN GLAS und gießen Sie kohlensäurehaltiges Mineralwasser oder Limonade nach. Wenn Sie kein Abstinenzler sind, schmeckt der Trank noch köstlicher, wenn Sie Champagner hinzufügen. Er bekommt dadurch eine leicht rosa Farbe.

Marokkanische Pfefferminze

❀ Dies ist ein wunderbar diskreter Liebestrank, der seine Absichten nicht lautstark kundtut. Er dient dazu, ein Mahl zu krönen, bei dem sich die Lippen der Liebenden gerne berühren würden – und vermittelt einen Hauch von Energie, die die beiden eine Weile in Hochstimmung hält. Wählen Sie diesen Tee, wenn Sie Ihren Liebsten umgarnen wollen und er sich vor Sehnsucht nach Ihnen verzehren soll.

Sie benötigen:
4 Zweige frische Minze (wenn möglich die starke marokkanische Grüne Minze);
1 Esslöffel chinesischen oder Jasmintee; 1 Teelöffel Zucker; 1–2 Minzblätter zum Dekorieren.

❀ Zerdrücken Sie die Minze in einer Teekanne und fügen Sie den chinesischen oder Jasmintee und 500 ml kochendes Wasser hinzu. Lassen Sie den Tee ungefähr 10 Minuten ziehen, dann geben Sie den Zucker hinzu. Servieren Sie den abgekühlten und durchgesiebten Tee auf zerstoßenem Eis in marokkanischen Teegläsern, dekoriert mit einem oder zwei Minzblättern. Ist es ein kühler Abend, servieren Sie den Tee warm oder heiß. Er wird Sie entspannen, versüßt Ihren Atem und erweckt zärtliches Verlangen. ❀ Eine Freundin von mir entwickelte sich zu einer richtigen Diva. Sie stellte jeden Abend eine Kanne mit Pfefferminze (und zwei Bechern!) neben ihr Bett, um am nächsten Morgen in einer kühlen würzigen Umgebung aufzuwachen. Ein Kuss war dann ein Muss!

3

GLÜHWEIN ZAUBER

DIESE KÖSTLICH DUFTENDEN GETRÄNKE erwärmen an kühlen Tagen, wenn man es sich mit seinem Partner vor dem Kamin gemütlich gemacht hat. Warten Sie nicht bis zur Weihnachtszeit, um sie auszuprobieren. Fangen Sie schon im Spätherbst an.

Brombeer-Mix

Brombeeren vertreiben die Müdigkeit und sie erregen die Sinne. An der Brombeere ist vieles „hexenhaft“ und geheimnisvoll. Sie wächst zu undurchdringlichen Hecken heran und ist Hauptzutat vieler Zaubertränke. Dieses Gebräu ist köstlich zu Weihnachten, kann aber auch jederzeit ein kaltes Herz erwärmen.

Sie benötigen:

1 kg Brombeeren; 500 g Zucker; 25 g ganze Gewürznelken; 1 Zimtstange; 1/2 Muskatnuss; 250 ml Brandy; Raspel von Zimtrinde zum Servieren

Entstielen Sie die Brombeeren und geben Sie sie mit zwei oder drei Teelöffeln Zucker in den Mixer. Geben Sie das Püree mit dem übrigen Zucker und den Gewürzen in einen schweren Topf und bringen Sie ihn zugedeckt auf kleiner Flamme zum Kochen. Wenn der Brei Blasen bildet, reduzieren Sie die Hitze und lassen das Ganze etwa 20 Minuten köcheln. Nehmen Sie den Topf vom Feuer und lassen Sie ihn abkühlen. Dann fügen Sie den Brandy hinzu und rühren kräftig um. Filtern Sie die Flüssigkeit durch einen Musselinbeutel in Flaschen (die Zutaten ergeben ungefähr 1 Liter) und verkorken Sie sie. Lassen Sie das Gebräu danach ungefähr eine Woche ziehen. Dann erwärmen Sie den Trank bei kleiner Flamme in einem Kochtopf, aber immer nur so viel, wie Sie auch trinken möchten. Servieren Sie es in Schnapsgläsern mit ein paar Raspeln Zimtrinde: Es sollte nicht dampfen, aber gut warm sein.

Heißer Himbeer-Wodka

Die Himbeere hat eine befreiende Wirkung. Sie eignet sich hervorragend für Frauen nach der Entbindung und ist ein ausgezeichnetes Flirt-Mittel für den gesamten Winter. In Verbindung mit Wodka entfaltet sie ihren ganzen köstlichen Duft und zusammen mit dem Alkohol führt sie zu Entspannung und Wohlbefinden. Pflücken Sie die Himbeeren selbst oder kaufen Sie sie.

Sie benötigen:
250 g frische Himbeeren und einige zum Dekorieren; 25 ml Honig; ein Spritzer Zitronensaft; Saft einer Orange; Wodka zum Servieren

Himbeeren, Honig und Säfte werden in einem Mixer zu einer dickflüssigen Masse verarbeitet. Pressen Sie diese durch ein Sieb, fügen Sie etwas Wasser hinzu und stellen Sie die Flasche einen Tag lang in den Kühlschrank (die Zutaten ergeben etwa 500 ml). Bevor Sie den Trank am nächsten Tag oder Abend servieren, erwärmen Sie das Püree im Topf und geben dann ein bis zwei Teelöffel davon in ein kleines Glas mit Wodka. Dekorieren Sie mit einer Himbeere. Der Cocktail sollte Körpertemperatur haben. Genießen Sie langsam, der Drink hat eine stark berauschende Wirkung.

Hexen-Gelage

DIESER TRANK EIGNET SICH HERVORRAGEND FÜR EINE KLEINE FESTLICHKEIT, Borretsch ist die Hauptzutat. Der Trank kann bei einem Weihnachtsfest eine ganze Gruppe von Freunden in eine euphorische Stimmung versetzen. Aber er wirkt auch bei einem einzelnen Verehrer Wunder.

SIE BENÖTIGEN:

Borretschblätter und ungefähr ein Dutzend Blüten; 50 g in Würfel geschnittenes braunes Toastbrot; 100 g Rohzucker; 3 Würfelzucker, getränkt mit Grand Marnier oder Cointreau; 1/2 Muskatnuss (im Stück); 1 Zimtstange; eine Prise Ingwer und Nelkengewürz; 1 Esslöffel Orangenblütenwasser; ein wenig Orangenschale; 1 Liter dunkles Bier oder Bockbier, je nach Geschmack; 1 Liter Beerenwein (Holunder oder Heidelbeere) oder auch Met (wenn vorhanden)

VERMISCHEN SIE ALLE ZUTATEN IN EINER GROSSEN SCHÜSSEL ODER IN EINEM BOWLENGEFÄSS. Fangen Sie mit den klein geschnittenen Borretschblättern und dem Toast an. Fügen Sie dann Zucker, Würfelzucker, Gewürze, das Orangenblütenwasser und die Orangenschale hinzu. Erwärmen Sie das Bier und den Wein in einem großen Topf und gießen Sie das Ganze nach und nach in die Bowlenschale. Dazwischen rühren Sie immer wieder gut um, bis alles gut vermischt ist. Am Schluss streuen Sie die Borretschblüten über das Getränk und lassen es vor dem Servieren zehn Minuten stehen. Es ist besonders hübsch, wenn Sie es über einem Stövchen warm halten. BORRETSCHBLÜTEN GIBT ES IM HERBST. Wenn Sie im Winter keine bekommen können und vom Sommer keine mehr übrig haben, verwenden Sie etwas Borretschtee von einem guten Kräuterhändler und wählen Sie andere Blüten, um sie zum Schluss darüber zu streuen. Rosenblätter und Orangenschalen eignen sich sehr gut.

Wilder Hafer

✿ HAFERFLOCKEN SOLLEN DEN KÖRPER STÄRKEN UND TRAURIGKEIT VERTREIBEN. Safran ist ebenfalls ein Aphrodisiakum: also verwenden Sie ihn sparsam.

SIE BENÖTIGEN:

Eine Flasche trockenen Weißwein; 3 Esslöffel Hafer; 1 Esslöffel getrocknetes Hafermehl; eine Prise Safran (echten, bitte); eine Prise Zimt; 1 Teelöffel Honig; ein paar Gardenienblütenblätter

✿ ERWÄRMEN SIE DEN WEIN SEHR LANGSAM, FÜGEN SIE DIE ANDEREN ZUTATEN HINZU UND RÜHREN SIE ALLES UM. Lassen Sie das Ganze etwa zehn Minuten köcheln und seihen Sie es durch ein Teesieb in zweihenkelige Tassen, irische Kaffeegläser oder Punschgläser. Servieren Sie den Trank vor dem Zubettgehen.

✿ DER WILDE HAFER WIRKT BESONDERS SCHNELL, wenn Sie vorher die Bettlaken leicht mit Zimt- und Gardenien-Parfüm einsprühen. Das gibt eine traumhafte Stimmung …

Liebespflaumen

✿ Dieser Liebestrank ist eines der stärksten und wirkungsvollsten Tonika. Er kann das ganze Jahr getrunken werden, wirkt aber vor allem in den kälteren Monaten sehr anregend. Der Trank basiert auf Pflaume und Rosmarin, die Erschöpfung und Depressionen lindern. Geben Sie möglichst noch Damiana hinzu, das ist ein besonderes Kräutertonikum aus den getrockneten Blättern der mexikanischen Pflanze Turnera aphrodisiaca. Das Tonikum wirkt auf das männliche Hormonsystem ein, nimmt Frauen die Scheu und stärkt das sexuelle Verlangen. So erhält dieser wunderbare echte Liebestrank noch eine spezielle Komponente.

Sie benötigen:

500 g rote oder blaue Pflaumen, entsteint und in Stücke geschnitten; 175 g Zucker; 250 ml Brunnenwasser; 3 Rosmarinzweige; 10 g Zitronensäure; 18 g pulverisierte Damiana, wenn verfügbar (wenden Sie sich an einen guten Kräuterhändler); Rot- oder Weißwein oder Champagner zum Servieren

✿ Lassen Sie die Pflaumen mit Zucker, Wasser und Rosmarin in einem grossen Topf ungefähr 15–20 Minuten auf kleiner Flamme köcheln, bis sie weich und duftend sind. Wenn die Flüssigkeit abgekühlt ist, schütten Sie sie in einem Mixer, geben Sie dann durch ein Sieb in einen Krug und gießen Sie die Zitronensäure dazu. Füllen Sie alles in eine Flasche, wenn Sie es ein paar Wochen aufbewahren wollen oder bewahren Sie den Krug ein paar Tage im Kühlschrank auf, bedeckt mit einer Plastikfolie. ✿ Vor dem Servieren geben Sie die Damiana dazu und rühren alles gut um. Dann gießen Sie die Flüssigkeit in Likörgläser und geben Rot- oder Weißwein dazu (nach Belieben leicht aufgewärmt) oder sogar Champagner. Nach dem Rezept ergibt sich eine Flüssigkeitsmenge von ungefähr 500 ml, die sich mehrere Tage hält.

Blutige Rosen

Dieser Trank ist eines meiner Lieblingsgetränke. Er schmeckt köstlich, er wärmt und weckt bei Ihnen und Ihrem Liebsten die gute Laune. Er kann auch bei einem Freundestreffen serviert werden, wenn Sie alle etwas Aufmunterung gebrauchen können.

Sie benötigen:

1 Esslöffel frische Rosmarinblüten; 3 Teelöffel frische Blütenblätter roter Rosen mit starkem Duft; 3–4 Veilchenblätter, gut zerkleinert; eine Flasche guten Rotwein

Lassen Sie alle Zutaten im Rotwein ein paar Stunden an einem warmen Platz ziehen, gießen Sie den Trank durch ein Sieb in aufgewärmte Becher und servieren Sie ihn. Sie können auch den Wein in ein großes Gefäß dekantieren, nachdem Sie die Blüten und Blätter herausgefischt haben. Die Ingredienzien finden Sie natürlich am einfachsten im Sommer, obwohl der Drink mehr etwas für kühlere Tage im Herbst ist. Frieren Sie die Blüten und Veilchenblätter einfach in einem kleinen Beutel ein, dann halten sie sich ein paar Monate und Sie haben immer einen Hauch von Sommer parat. Aber versuchen Sie immer, ein paar frische Rosen zur Dekoration zu bekommen.

4

KÖRPER TRÄUME

Düfte haben für unser Gehirn eine ganz besondere Bedeutung, das zeigt schon die Lage des Geruchszentrums direkt neben dem Bereich, der die Ausschüttung von Stress und Angsthormonen steuert. Düfte können uns beruhigen und sogar eine Veränderung der Atmung bewirken. In diesem und im nächsten Kapitel stellen wir einige Duftelixiere für Bad und Massage vor. Beginnen Sie immer mit einem ausgedehnten Baderitual, um sich für die Liebe in die richtige Stimmung zu versetzen. Widmen Sie sich dann ganz intensiv der Kunst der Massage. Dabei können Sie Ihrem Liebsten allein durch den gewählten Duft und ganz ohne Worte zarte Botschaften aussenden.

Körpersprache

✿ DIESES REZEPT BEDARF WOHL KEINER EINFÜHRUNG. Eine Massage ist immer das wirkungsvollste Vorspiel, weil die Berührung Endorphine freisetzt – unsere körpereigenen Wohlfühl-Chemikalien. Zusätzlich breiten die Düfte Ihrem Liebsten paradiesische Wonnen. Zum Glück kann Ihre Nase an diesem Vergnügen teilhaben – auch wenn Ihr Körper gar nicht berührt wird. Die Öle sind zwar teuer, aber die Investition lohnt sich, weil sie lange halten.

SIE BENÖTIGEN:

50 ml Mandel- oder Avocadoöl; jeweils 5 Tropfen Rosen- und Jasminöl; 3 Tropfen Nelkenöl; 2 Tropfen Sandelholzöl

✿ STELLEN SIE DIESE MISCHUNG AM ABEND ZUVOR ZUSAMMEN, damit das Trägeröl die ätherischen Öle aufnehmen kann. Es empfiehlt sich, die Mischung innerhalb einer Woche zu verbrauchen, da die starke Wirkung der Öle nach dieser Zeit nachlässt, sofern sie nicht in dunklen Flaschen kühl gehalten werden. Jasmin ist mit Geheimnissen verbunden und stimuliert die Sexualhormone und die Rose ermöglicht, tief in die Erinnerung zu tauchen; sie bewirkt, dass Sie sich auch in Zukunft an jeden sinnlichen Augenblick erinnern werden. ✿ BEI DER MASSAGE SOLLTEN SIE JEDE HEKTIK VERMEIDEN: Kombinieren Sie lange Bewegungen mit sanftem Kneten zur Lockerung der Muskeln und mit spielerischem Zwicken als Liebesvorspiel. Dieses Mittel wirkt Wunder, aber lassen Sie sich viel Zeit!

Beschleuniger

✿ Wenn Sie der Meinung sind, dass die Sinnlichkeit in Ihrer Liebesbeziehung schon zu lange auf sich warten lässt, versuchen Sie dieses Tonikum, eine direktere Variante des vorherigen. Hier geht es weniger um Romantik als um den Urinstinkt!

Sie benötigen:

Für den weiblichen Partner: *50 ml Mandel- oder Olivenöl; je 4 Tropfen Jasmin- und süße Myrrhenöl; 3 Tropfen Zimtöl; 3 Tropfen Vanilleessenz; 2 Tropfen Patschuliöl; ein rosa Band*

Für den männlichen Partner: *50 ml Jojobaöl; jeweils 3 Tropfen Weihrauch-, Lavendel-, schwarzer Pfeffer- und Korianderöl; ein blaues Band*

✿ Stellen Sie die jeweilige Mischung her, indem Sie die Öle am Vorabend miteinander verrühren und in kleine Flaschen füllen. Schlingen Sie um die für die Frau bestimmte Flasche ein rosa Band, und ein blaues um die Flasche für den Mann. Stellen Sie Champagner in den Massageraum. Die Düfte sind wirklich berauschend und das Gefühl der Öle auf dem Körper wird göttlich sein. ✿ Das Öl kann überall angewandt werden!

Der Kuss

Die Wirkung verlockender Lippen darf nicht unterschätzt werden – glänzende Lippen können einen Partner mehr aufreizen als Worte. Dieses Elixier muss frisch verwendet werden; es schlägt jedes im Handel erhältliche um Längen. Füllen Sie es in einen Pflanzensprüher oder einen Parfümzerstäuber. Spritzen Sie die Lotion nach jedem Essen auf den Mund.

Sie benötigen:

6 ganze Gewürznelken; 1 Teelöffel kleingeschnittene Petersilie; Saft einer Orange; 2 Teelöffel Orangenblütenwasser; 2 Tropfen Orangenöl; 1 Teelöffel Kreuzkümmelsamen; 125 ml Brunnenwasser

Erhitzen Sie alle Zutaten auf kleiner Flamme. Lassen Sie das Gebräu abkühlen, sieben Sie die Mischung durch und stellen Sie sie in einen Krug mit Deckel in den Kühlschrank. Schütteln Sie die Flüssigkeit vor Gebrauch. Verwenden Sie immer einen Teelöffel voll. Im Kühlschrank hält sich diese Lotion eine Woche lang.

Aufweck-Lotion

✿ Sie müssen ganz gezielt Ihre Sinne und die Ihres Partners stimulieren, wenn Lustlosigkeit oder Bequemlichkeit Ihre Beziehung gefährden. Dies bewirkt ein energiespendendes Bade- oder Duschgel, das einen guten Auftakt für die nächsten Stunden ist.

Sie benötigen:

20 ml Babyshampoo; 2 Teelöffel Mandel- oder Babyöl; jeweils 2 Tropfen Bergamotte-, Rosmarin- (fördert die männliche Libido) und Zitronen- oder Orangenöl; 1 Teelöffel Haselnuss zur Beruhigung der Haut

✿ Füllen Sie alle Ingredienzen in eine kleine Flasche und schütteln Sie sie. Dann stellen Sie sich unter die Dusche, und tragen danach diese frische Mischung mit einem Schwamm oder einem Waschhandschuh auf Ihre nasse Haut auf. Wenn Sie ein Wannenbad nehmen, tragen Sie die Hälfte zu Beginn unter dem offenen Wasserhahn auf und die andere Hälfte gleich nach dem Abstellen des Wassers, um die volle Wirksamkeit der Öle einatmen zu können. ✿ Das Rezept für die Lotion reicht aus für zwei Bäder oder zweimal duschen. Die optimale Wirkung erzielen Sie natürlich, wenn Sie das Bad mit Ihrem Partner teilen. ✿ Denken Sie daran, wie wichtig die romantische Präsentation ist, nehmen Sie die schönsten Karaffen, die Sie finden können. Kleben Sie handgeschriebene Etiketten mit Ihrem Namen auf und verzieren Sie die Flaschen noch mit fröhlichen Bändern in Gelb, Orange oder Grün und mit kleinen Rosmarinzweigen.

Hexenliebe

Wenn Sie Ihrem Partner durch die Blume zu verstehen geben wollen, dass Sie romantisch umarmt und liebkost werden möchten und ihn lieber entspannen als stimulieren wollen, verwenden Sie dieses Rezept statt des vorherigen. Denken Sie an das berühmte Milchbad, mit dem eine gewisse Kleopatra ihren mächtigen Geliebten verführt hat …

Sie benötigen:
25 ml Vollmilch; 20 ml unparfümierte (oder leicht nach Rosen duftende) flüssige Seife;
jeweils 4 Tropfen Rosen- und Lavendelöl; 2 Teelöffel Rosenwasser; 1 Teelöffel frische Rosenblütenblätter

Geben Sie alle Ingredienzen in eine kleine Flasche, schütteln Sie sie und lassen Sie sie ein paar Minuten ziehen. Gießen Sie alles in die gefüllte Badewanne und lassen Sie es einwirken. Um die Wirkung noch zu verstärken, tragen Sie beim Baden ein rosa Stirnband – das fördert Liebesfantasien! Baden Sie möglichst gemeinsam! Und vergesssen Sie nicht die romantische Wirkung von schwimmenden Rosenblüten auf dem Badewasser. Das ist wie Liebe im Rosenbeet …

Haarige Verführung

✿ Dieses Haarbad erinnert an die Zeit, als duftendes Haar noch nichts Alltägliches war. Heute ist das anders, da jeder Designer-Shampoos benutzen kann. Doch diese Ingredienzen enthalten eine besondere Magie – die Grundlage für einen wunderbaren Liebeszauber.

Sie benötigen:

1 Teelöffel Veilchenwurzeln; 1 Teelöffel zerkleinerte frische Petersilie; 1 Teelöffel Lavendelblüten; 50 ml Brunnenwasser; 4 Tropfen Lavendelöl

✿ Shampoonieren Sie Ihr Haar wie gewöhnlich und verwenden Sie danach einen Conditioner. Dann tragen Sie die Zutaten auf, die zuvor in einer Flasche gut vermischt und durch ein Tuch gepresst wurden. Lassen Sie alles einwirken. Denken Sie sich einen Zauberspruch aus und beobachten Sie, wie Ihr Liebster verhext wird. ✿ Sie müssen nicht unbedingt lange wallende Locken haben für diese herrliche Zauberei. Aber achten Sie darauf, dass Ihre Haare gepflegt sind. Sie sollten besonders glänzen und ganz locker sein!

5

Reich der Düfte

Hier beschäftigen wir uns mit der Herstellung von Parfüm und bedienen uns damit der Duftsprache der Natur. Die Blumen laden durch ihren Duft Insekten ein, bestäubt zu werden, um ihren Fortbestand zu sichern. Ähnliches machen wir Menschen auch, wenn wir Duftsignale aussenden und damit Liebesbereitschaft anzeigen.

Es ist wichtig, eine harmonische Duftmischung zu komponieren, die auch wirklich zu Ihnen und Ihren Wünschen passt. Wenn Sie jung und kess sind, kreieren Sie eine Mischung „spritziger" Düfte, die zur Nähe einladen, weil sie leicht und freundlich sind. Wenn Sie älter sind und der Duft bis spät in den Abend halten soll, wählen Sie eine 15%-Mischung. Aber denken Sie daran, dass weniger mehr ist. Ein Hauch von Parfüm wirkt verführerischer als eine schwere Duftwolke.

Elixier der Jugend

✿ Das ist das ideale Elixier für junge Leute – jung an Jahren oder jung im Herzen. Es ist genau richtig, um an einem heißen, viel zu langen Tag den Geist wieder zu erwecken. Der zarte Duft aus der Kombination von Geranien und Rosen lässt die Gedanken leichter werden. Sprühen Sie die Lotion nach der Dusche auf den Körper und geben Sie auch ein paar Spritzer auf die Kleidung.

Sie benötigen:

3 Teelöffel Brunnenwasser; 3 Teelöffel Äthylalkohol (aus der Apotheke); jeweils 5 Tropfen Rosen-, Bergamotte- und Rosa-Geranienöl; 1 Tropfen Ingwer-Öl

✿ Mischen Sie die Zutaten in einer kleinen Parfümflasche, am besten in einem Zerstäuber. Die Mixtur muss vor Gebrauch geschüttelt werden und ergibt etwa 25 ml. Das ist der ideale Duft, um das „starke" Geschlecht anzulocken – ganz diskret. Verteilen oder versprühen Sie ihn auch leicht auf Ihre Bettwäsche und auf die Vorhänge. Sie werden sich in Ihrer Wohnung oder im Büro gleich wohler fühlen. ✿ Eine frühere Nachbarin hat mit dieser Mischung immer ihr Auto aufgefrischt. Jeder, der damit fuhr, war verzaubert!

Verwöhn-Creme

✿ Diese wunderbare Creme verwöhnt Ihren Körper mit ihrem Duft und macht Ihre Haut geschmeidig.

Sie benötigen:

150 g emulgierende Salbe (aus der Apotheke), 75 ml Glyzerin; jeweils 10 ml von 3 ätherischen Blütenölen Ihrer Wahl (Rosenöl sollte dabei sein); 10 g zerstoßene Veilchenwurzel (von einem guten Kräuterhändler)

✿ Die Veilchenwurzel eignet sich hervorragend als Grundlage für die Creme. Sie entfaltet einen köstlichen Duft und sorgt dafür, dass die anderen Düfte länger haften. Rosenöl gibt der Haut Nährstoffe. Sie sollten testen, ob Ihre beiden anderen Blütendüfte damit harmonieren. ✿ Bringen Sie die Salbe und das Glyzerin in einer Schüssel über einem Topf mit kochendem Wasser (oder im Wasserbad) langsam zum Schmelzen. Fügen Sie die Öle und die Veilchenwurzel hinzu und lassen Sie das Ganze ungefähr 15 Minuten erwärmen. Seihen Sie die Mischung durch ein Tuch und lassen Sie sie etwas abkühlen. Dann spachteln Sie die Creme mit einem breiten Küchenmesser in Tiegel – von der Seite zur Mitte. ✿ Wenn die Creme in einem dunklen Glasgefäss kühl aufbewahrt wird, hält sie mehrere Monate. Vergessen Sie nicht, ein hübsches Etikett aufzukleben.

Intimität

Hier gehen wir aufs Ganze. Wenn Sie absolut sicher sein wollen, dass Sie niemand übersieht – kein Fremder, kein langweiliger Liebhaber, kein müder Ehemann –, dann mixen Sie sich dieses Parfüm. Tragen Sie den Duft nur für jemanden, der auch frei ist, dieser Duft kann leicht zum Ehebrecher werden. Seien Sie vorsichtig!

Sie benötigen:

4 Teelöffel Äthylalkohol (aus der Apotheke); 1 Teelöffel Brunnenwasser; jeweils 10 Tropfen Nachthyazinthen- und Rosenöl; jeweils 6 Tropfen Bergamotte- und Jasminöl; jeweils 4 Tropfen Patschuli- und Eichenmoosöl; einen Tropfen reines Pheromon

Vermischen Sie alle Zutaten (außer dem Pheromon) sorgfältig, füllen Sie sie in ein kleines dunkles Fläschchen und lassen Sie das Ganze mindestens drei Wochen ziehen. Dann tupfen Sie das Öl auf Ihre Handgelenke und einen Tropfen Pheromon unter die Nase. Es vermittelt Ihnen starkes Selbstvertrauen, Stärke und Charme. Pheromon erhalten Sie bei guten Händlern und manchmal in Apotheken oder in Schönheitssalons. Es ist teuer, aber die Investition lohnt sich. Pheromon erhöht das Wohlbefinden deutlich und lässt Sie auf andere anziehender wirken.

Wegbereiter

✿ Wenden Sie dieses Rezept an, wenn Sie den Ehehafen ansteuern wollen oder ein Aphrodisiakum für die Verlängerung Ihrer Flitterwochen brauchen … Stellen Sie es ins Schlafzimmer und rühren Sie es jeden Tag mit dem Ringfinger um.

Sie benötigen:

Je eine Tasse frische Rosenblätter (rosa oder dunkelrot), winzige Rosen, Rosenblüten, Geißblatt-, Jasmin- und Lavendelblüten und getrocknetes Eisenkraut (von guten Kräuterhändlern); 2 Esslöffel zerstoßene Veilchenwurzel; jeweils 2 Tropfen Rosen-, Jasmin- und Lavendelöl

✿ Vermischen Sie alle trockenen Zutaten in einer hübschen Schale. Fügen Sie zuletzt die Öle hinzu und rühren Sie alles gut um. Bedecken Sie das Ganze ein paar Tage lang mit einem dunklen Plastiktuch, damit sich die Düfte entfalten können. Stellen Sie aber die Mischung täglich eine Stunde an die frische Luft, damit sie keinen Schimmel ansetzt. Sie hält sich monatelang und kann durch Hinzufügen von Öl verlängert werden.

Liebe liegt in der Luft

✿ Dieser Duft ist ideal, wenn man die Liebe schon schnuppern soll. Wenn in Ihrer neuen Wohnung oder Ihrem Büro die Liebe in der Luft liegen soll, bietet sich diese feine wirksame Mischung an. Plündern Sie die Gärten Ihrer Freunde, um die nötigen frischen Blumen zu ergattern.

Sie benötigen:

Je 1 Tasse frische Veilchen, spanische Wicken (malvenfarben und rosa, also Liebesfarben), duftende Nelken (rosa), Waldmeister oder Mehlkraut und Pfingstrosen; 1 Esslöffel zerstoßene Veilchenwurzel; jeweils 2 Tropfen Veilchen-, Nelken-, spanische Wicken- und Pfingstrosenessenzen- oder Parfümöle.

✿ Pflücken Sie die Blütenblätter der grösseren Blumen und mehrere kleinere im Ganzen. Vermischen Sie alle Zutaten. Fügen Sie zuletzt das Öl hinzu und füllen Sie alles in ein Gefäß mit leichtem Deckel. Bewahren Sie die Mixtur vier bis sechs Wochen an einem trockenen, dunklen Ort auf. Schütteln Sie sie von Zeit zu Zeit, damit sich die Flüssigkeit vermischt. ✿ Füllen Sie sie in ein passendes Gefäss und stellen Sie es auf den Kamin, Ihren Hausaltar oder Ihren Schreibtisch. Eine Wonne für Nase und Gemüt!

Femme fatale

✿ Dies ist ein Zauberelixier für eine Femme fatale. Es kann viel bewirken und verleiht Ihnen das Gefühl magischer Kontrolle, wenn Sie Ihre Fingerspitzen eintauchen. Am besten tragen Sie die Mischung in einem kleinen Medaillon um den Hals. Finden Sie Ihre persönliche Duftnote, indem Sie verschiedene Öle ausprobieren.

Sie benötigen:

15 g weißes Bienenwachs; 15 g wasserfreies Lanolin; 60 ml ätherische Öle Ihrer Wahl (versuchen Sie diese Mischungen: Bergamotte, Limone, Pomeranzenblütenöl, Orange; Sandelholz, Rose, Bergamotte, Jasmin, Ylang Ylang; Gartennelke, Vanille, Nachthyazinthe; Weihrauch, Pomeranze, Bergamotte, Ingwer; Rose, Myrte, Sandelholz, Eichenmoos; Pomeranzenblütenöl, Lavendel, Vetiveröl.

✿ Dies ist eine kostspielige, aber haltbare Creme, sofern sie in einem dunklen Gefäß und kühl gelagert wird. Erwärmen Sie das Bienenwachs und das Lanolin langsam in einem Wasserbad. In die warme Masse geben Sie dann Ihre Öle (insgesamt 60 ml; die meisten ätherischen Öle werden in 10- oder 15 ml-Flaschen aufbewahrt). Rühren Sie sie gut um. Gießen Sie die Mixtur noch warm in saubere dunkle Glasgefäße und etikettieren Sie sie. ✿ Wenn Sie etwas Creme in ein Medaillon oder einen Parfümring geben wollen, nehmen Sie dafür ein warmes Messer. Achten Sie darauf, dass die Salbe durch die Körpertemperatur nicht zu weich wird.

6

MITTEL ZUR STÄRKUNG

In diesem letzten Kapitel geht es um einige interessante Zusätze, um im Handumdrehen ein Tonikum herzustellen, auch wenn Sie weder Topf noch Küchenmaschine greifbar haben. Diese einfachen Elixiere, Pulver oder Tränke passen mühelos in jede kleine Tasche und lassen einen kurzen Wochenendtrip zu einem romantischen Höhepunkt werden oder erleichtern einen wichtigen Tag im Büro. Gönnen Sie sich dazu ein paar hübsche Requisiten: Ausgefallene Parfümflacons mit schweren Stöpseln, die mit faszinierenden funkelnden Diamatentropfen gefüllt werden, winzige Medaillons und kleine Puderdosen lassen Sie zu einer Femme fatale mit einem ganz neuen Lebensgefühl werden. Machen Sie einen kleinen Einkaufsbummel, um ein paar Schmuckstücke aufzutreiben.

Liebeskissen

✿ Zwei einfache Dinge helfen Ihnen, im Nu eine romantisch-sinnliche Atmosphäre zu schaffen, wenn Sie ein Wochenende voller Liebe und Leidenschaft erleben wollen.

Sie benötigen:

Für die Duftkissen: *Baumwollpads; Löschpapier; jeweils ein paar Tropfen Rosen-, Lavendel- und Pomeranzenblütenöl; Musselin; Bänder*

Für den Raumspray: *Je 3 Tropfen Lavendel-, Grapefruit- und Limonenöl; 30 ml Brunnenwasser*

✿ Schneiden Sie die Baumwollpads und das Löschpapier in hübsche Formen – Mond, Sterne, Herzen. Vermischen Sie die Öle in einer kleinen Tropfflasche und träufeln Sie ein paar Tropfen auf die Baumwollpads und die Papierformen, lassen Sie sie danach ein paar Stunden in einer Schachtel mit Deckel trocknen. Stecken Sie dann die duftenden Formen in ein Musselin-Kissen, das mit einem Band verschnürt wird. Fertigen Sie zwei solche Kissen an und stecken Sie eins in Ihren Kissenbezug und eins in den Ihres Liebsten, wenn Sie auf Reisen übernachten. Der Zauber wirkt sofort. ✿ Für den Spray füllen Sie die Zutaten in einen winzigen Parfümzerstäuber. Versprühen Sie den Duft in Bad und Schlafbereich, um den Geruch früherer Gäste zu neutralisieren. Das gibt Ihnen auch das beruhigende Gefühl, den Raum desinfiziert zu haben. Sie fühlen sich jetzt besser und heimischer, bald wird sich Ihr Liebster entspannen.

Veilchenfantasien

Es kommt dem Flair eines genüsslichen Bades gleich, das sanft in eine Nacht voller Liebe überleitet … Viel zu oft vergessen wir, wie angenehm sinnlich sich ein zartes Puder auf unserer Haut anfühlt – es ist viel weicher, als es eine Body Lotion je sein kann. Versuchen Sie dieses Rezept aus und Sie werden zustimmen. Und Sie können sicher sein, dass Ihr Duft in der Erinnerung lange nachwirkt …

Sie benötigen

1 Teelöffel Mais- oder Pfeilwurzmehl; 1 Teelöffel zerstoßene Veilchenwurzel;
einige frische Veilchen oder eine andere Blume (nur eine Art).

Geben Sie die angegebenen Ingredienzen für einige Tage in eine kleine, gut verschlossene Schachtel, bis die Aromen sich gut vermischt haben. Anschließend füllen Sie sie mit einer Quaste in eine kleine, leere Puderdose. Bestäuben Sie damit nach dem Bad Ihren Oberkörper und geben Sie etwas davon auch in Ihre Wäsche und in das Bettlaken. An einem hektischen Tag können Sie sich damit sogar im Büro zwischendurch rasch erfrischen und verlockend parfümieren. Auch in heissen Klimazonen sollten Sie dieses zarte Puder stets dabei haben … Besonders hübsch wirkt es übrigens in einer Glasschale, in die Sie alle paar Tage ein paar frische Veilchenblüten legen …

Romantikbad

✿ Im Hotel werden Sie im Bad oft mit hübschen Produkten verwöhnt. Aber überlassen Sie nichts dem Zufall. Dieses reizende Duftkissen lässt sich leicht in einem Kosmetikbeutel verstauen und schafft durch seinen betörenden Duft eine romantische Atmosphäre.

Sie benötigen:
30 qcm Musselin; frische Rosmarinzweige, Lavendel, Kiefern- und Limonenbalsam;
jeweils ein paar Tropfen Rosmarin-, Lavendel-, Kiefern- und Limonenbalsamöl; ein hübsches Band

✿ Stellen Sie aus den Zutaten einen Musselinbeutel fürs Bad zusammen: Rosmarin ist wichtig für die männliche Sinnlichkeit und Limonenbalsam für die weibliche. Fügen Sie ein paar Tropfen der Öle hinzu, um den Duft zu verstärken. Verschließen Sie den Beutel mit einem hübschen Band (rosa für Liebe, rot oder grelles Pink für Leidenschaft, gelb für den schnellen Flirt). Befestigen Sie den Beutel unter den Wasserhähnen der Badewanne. Danach machen Sie einen Spaziergang. Nach Ihrer Rückkehr nehmen Sie mit Ihrem Liebsten zusammen ein Bad – das Abendessen danach sollten Sie nicht zu früh bestellen …

Poudre d'amour

✿ Früher besassen viele Zauberinnen einen Ring mit einem kleinen Geheimfach, das sich mittels eines Scharniers aufklappen ließ. In diesem Fach verbargen sie ein wirksames Pulver oder gar Gift. Mit dem Poudre d'amour können Sie diese Tradition heute wieder aufleben lassen. Versuchen Sie einen antiken Ring mit einem solchen Fächlein zu finden, aus dem Sie dann bei passender Gelegenheit ganz diskret ein paar Körnchen streuen können. Dieses exotische Pulver eignet sich ideal für die Herstellung eines stärkenden Tonikums, das die Erotik fördert. Bieten Sie es Ihrem Liebsten an, wenn er die Leidenschaft auf der Speisekarte nicht mehr findet. Wichtig ist: Sie können es überallhin mitnehmen.

Sie benötigen:

Eine Kapsel Ginseng-Puder; eine Prise Damiana (wenn verfügbar); 2–3 Fäden Safran; eine winzige Prise Koriander

✿ Vermischen Sie diese vier stärkenden und aphrodisierenden Kräuter sorgfältig und füllen Sie sie in einen trockenen, stabilen Behälter. Bei Bedarf geben Sie die Mischung in ein Glas trockenen Cidre oder dunkles Bier. Nach Belieben können Sie noch ein paar Rosmarin- oder Borretschblüten im Glas verteilen, was hübsch aussieht und zudem die Wirkung verstärkt. ✿ Das ist das echte Gebräu für eine Frau voller Leidenschaft. Entdecken Sie, wie einfallsreich Sie sein können, um die erotische Wirkung dieses Liebestranks auszuprobieren. Sie können noch einen Spritzer Mineralwasser zugeben, nehmen Sie aber bitte kohlensäurehaltiges, das geht schneller ins Blut!

Marokkanisches Zauberelixier

✿ Wir nehmen einige der Zutaten des wärmenden und aphrodisierenden Ras el Hanout aus Marokko – lassen allerdings die gefährliche Spanische Fliege weg. Wenn Sie Ihren Liebsten fern von zu Hause bekochen, versuchen Sie, diese Mischung einem Lammgulasch oder einem Hühner-Couscous hinzuzufügen. Sie kann auch mit Glühwein vermischt werden. Führen Sie das Elixier in einer kleinen Phiole bei sich, gehen Sie aber sparsam damit um.

Sie benötigen:

1/2 Teelöffel Safran; 1/2 Teelöffel Kreuzkümmel; eine Prise Ingwer;
eine Hand voll winziger Rosenknospen

✿ Erwärmen Sie alle Zutaten ein paar Minuten in einer trockenen Pfanne oder im Herd und geben Sie sie an Ihr Essen. Als Variation können Sie sie auch in weißen oder roten Glühwein geben. Seihen Sie die Mischung durch ein Tuch, bevor Sie sie in einen Weinkrug füllen. Dekorieren Sie sie mit ein paar Rosenblättern. Eine 'heiße' Einladung zu einem romantischen Abend.

Stimmung unterwegs

Entdecken Sie mit diesem Liebesrezept neue Einsatzmöglichkeiten für eine einfache Feldflasche. Wenn Sie gemeinsam wandern, Rad fahren oder ein romantisches Wochenende miteinander verbringen, bringt Sie dieser Trank in Stimmung.

Sie benötigen:

1 Teelöffel Mohnsamen; 2 Teelöffel getrocknete oder eine Hand voll frischer Jasminblüten; 2 getrocknete Lorbeerblätter; 75 ml Brandy

Vermischen Sie alle Zutaten in einer warmen Pfanne (aber nicht auf dem Herd) und stellen Sie diese mindestens eine Stunde lang an einen warmen Platz – über dem Herd oder in der Nähe einer Heizung wäre ideal. Seihen Sie die Flüssigkeit durch ein Tuch und füllen Sie sie in eine Feldflasche. Genehmigen Sie sich an einem kühlen Wochenende mit Ihrem Liebsten gelegentlich einen Schluck davon. Göttlich!

Parfüms aus dem Garten

Dieser Anhang soll Ihnen helfen, Ihre eigene Duftmischung zusammenzustellen. Die Öle sind in Familien zusammengefasst, die gut harmonieren. Experimentieren Sie damit, um herauszufinden, was Ihnen besonders gefällt. Wenn Sie die Familienzusammengehörigkeit verstanden haben, können Sie auch leicht einige berühmte Parfüms nachahmen. Die verschiedenen Techniken kennen Sie ebenfalls, um eigene Talkumpuder oder Badelotions zu parfümieren. Ihr Parfüm erhält seinen Charakter durch eine Mischung von Kopfnoten, Herz- und Basisnoten. Die Herznoten sind zwar prinzipiell verantwortlich für die echte Geruchsentfaltung des Duftes, aber Sie sollten doch immer eine Mischung aller drei Familien wählen, um den Duft abzurunden und einen harmonischen Charakter zu erhalten. Es gibt jedoch einige Blumendüfte, bei denen alle drei Noten schon von Natur aus perfekt gemischt sind: Gardenie, Tuberose und Lavendel gehören dazu. Diese Blumen sind auch oft die einzige Noteninspiration für einige berühmte Düfte: Tuberose ist die Kopfnote von dem Parfüm Chloe und Maiglöckchen die Herznote von Diorissimo.

Die Kopfnoten ✿ Sie vermitteln den ersten starken Eindruck des Duftes, aber verflüchtigen sich schnell. Experimentieren Sie mit Basilikum, Bergamotte, Kardamom, Koriander, Hyazinthe, Zitrone, Limone, Zitronengras, Minze, Orange, Pomeranze, Kiefer, Erdbeere und Estragon.

Die Herznoten ✿ Sie geben Ihrem Duft seine charakteristische Note und halten viele Stunden vor – gewöhnlich ein bis zwei Tage oder länger. Verwenden Sie die Mischungen sparsam. Spielen Sie einmal mit einer einzigen Kopfnote, oder versuchen Sie, ein Blumenbouquet zu finden. Versuchen Sie schwarzen Pfeffer, Zypresse, Galbanharz, Gardenie, Geranie, Ingwer, Honig, Jasmin, Lavendel, Majoran, Mimose, Neroli (Orangenblütenöl), Muskatnuss, Päonie, Rose, Rosmarin, Teebaumöl, Thymian, Tuberose, Veilchen und Ylang Ylang.

Die Basisnoten ✿ Sie besitzen eine beruhigende Wirkung und fixieren Ihren Duft. Sie halten einige Tage lang vor und machen Ihren Duft geschmeidig. Meistens leiten sich die Basisnoten von Holzölen ab und entsprechen den Duftstoffen von Räucherstäbchen: Benzoeharz, Zeder, Zimt, Weihrauch, Myrrhe, Eichenmoos, Patschuli, Sandelholz, Vanille, Vetiveröl.

✿ Etikettieren Sie Ihre Duftmischungen sorgfältig und notieren Sie, wie viele Tropfen jeweils zu empfehlen sind. Verwenden Sie gute Parfümflaschen mit stabilen Stöpseln. Lassen Sie Ihre Mischungen ein bis zwei Tage ziehen, bevor Sie wieder daran riechen.

Die Duftfamilien

Die bekanntesten Duftfamilien haben meist mehrere Hauptbouquets. Aldehyde sind die berühmtesten französischen Blumendüfte, sie verstärken die Kopfnoten neben den Herznoten. Gewöhnlich handelt es sich dabei um Blumenbouquets, wie etwa die Rosen- und Jasminnote von Jcy, die auch in Chanel Nr. 5 zu finden ist.

Die grünen Blumendüfte sind sofort zu identifizieren, sie erinnern an grünes Gras und an Frühling. Bei diesen Bouquets ist Vetiveröl für gewöhnlich eine der Herznoten, etwa bei Ivoire von Balmain und bei Armanis Gio. Die fruchtigen Blumendüfte haben eine Kopfnote von Erdbeere oder eine Basisnote wie Vanille, die den speziellen Duft schaffen – zu finden in Elizabeth Ardens Sunflowers und Calvin Kleins Escape. Frische Blumendüfte basieren auf Zitrus oder sehr leichten Blumennoten. Ein gutes Beispiel dafür ist Anais Anais. Auf Holz basierende Blumendüfte verstärken die Holz-Basisnote. Beispiele: Safari von Ralph Lauren oder White Linen von Estée Lauder. Die süßen Blumendüfte gehören zu den auffälligsten: Blue Grass von Arden ist das klassische Beispiel. Annick Goutals Gardenia Passion ist ein neuerer Duft dieser Art.

Orientalische Düfte können würzig sein, aber auch sehr blumig – die Letzteren werden als „floriental" bezeichnet. Wenn dies Ihre Lieblingsdüfte sind, haben Sie eine Vorliebe für üppige Moschusdüfte – sie sind viel aphrodisierender als die leichteren Blumendüfte. Zu den orientalischen gehören Samsara von Guerlain oder Opium von Yves Saint Laurent. Die sogenannten florientalen Düfte sind üppig und blumig, Gewürze sind mit Blumen vermischt – dazu zählen: Spellbound von Lauder und Joop. Die so genannten würzigen orientalischen Düfte basieren eher auf den Basisnoten von Speisegewürzen. Dazu gehört das stark nach Vanille duftende Angel von Mugler und Comme des Garcons.

✿ Es gibt auch noch fruchtigere orientalische Düfte, die Jasmin mit Fruchtnoten kombinieren: Casmir von Chopard und Roma von Laura Biagiotti. Zu den animalischen orientalischen Düften, die eine nach Leder riechende Herznote haben, gehört Obsession von Calvin Klein, das Ambra als Kopfnote hat. Auch Donna Karan ist ein orientalisches Parfüm, aber ein „süßes".

✿ Zypressendüfte betonen die lieblichen Noten von Bergamotte und die moosigen Basisnoten: Sie können den Harz in der Basisnote riechen. Dazu gehören Miss Dior und Paloma Picasso. Zu den eher blumigen Zypressendüften, bei denen Unternoten die blumige Note ausgleichen, gehört Montana, und bei Champagne von Yves Saint Laurent, einem klassischen Beispiel, harmoniert ein fruchtiger Zypressenduft mit der fruchtigen Kopfnote.

✿ Wenn Sie mit der neuesten Duftfamilie experimentieren wollen, sollten Sie einen „ozeanischen" oder „ozonischen" Duft versuchen. Hier erhält der Duft eine Fantasienote – von Wasser, Luft oder sogar Algen oder Seemoos. Basisnoten sind: Eichenmoos oder Labdanum. Diese Düfte sind überlagert von einer sehr leichten blumigen Note. Einer der besten „ozonischen" Düfte ist Eau d'Issey.

✿ Geben Sie Ihr Parfümelixier auf Ihre Handgelenke, hinter die Ohren oder auf den Nacken, um eine optimale erotische Wirkung zu erzielen. In einer dunklen Flasche hält sich Ihr Duft länger. Sie sollten trotzdem Ihr Parfüm relativ schnell verbrauchen, denn jeder Duft (auch der kommerzielle) hat nur eine begrenzte Haltbarkeit.

Spielen Sie mit Ihrem Duft

PARFÜMIEREN SIE IHRE WÄSCHE. Besprühen Sie Packpapier oder Wattebäusche mit ein paar Tropfen Ihres Lieblingsparfüms und verteilen Sie den Duft so in Ihrer Wäscheschublade. Noch hübscher ist es, wenn Sie Baumwollbäusche oder Löschpapier in Form schneiden, mit Duft besprühen und in hübsche Musselinbeutel geben, die Sie mit farbigen Bändern zubinden.

PARFÜMIEREN SIE IHRE AUSSTRAHLUNG. Nichts ist verführerischer als duftendes Haar. Nehmen Sie eine Glasflasche, in die Sie etwas Brunnenwasser füllen und Ihren persönlichen Duft – aber nur die Hauptöle. Wenn Ihr Haar noch feucht ist, verteilen Sie ein paar Tropfen dieses Duftwassers im Haar und lassen es trocknen. Parfüm im Haar entfaltet die höchste Wirkung, da es am längsten hält. Vermeiden Sie jedoch, reines Öl auf die Kopfhaut zu bringen.

PARFÜMIEREN SIE IHRE MÖBEL. Verteilen Sie mit duftenden Baumwollbäuschen gefüllte Musselinbeutel hinter den großen Kissen auf Ihrer Couch oder stecken Sie sie in andere Kissen. Wenn man sich darauf stützt, entfalten die Beutel ihren Duft, und Ihre ganze Wohnung wird allmählich von Ihrem Parfüm erfüllt sein.

PARFÜMIEREN SIE IHR BÜRO. Schlingen Sie um Ihre Akten und Bleistifte Bänder, die mit Ihrem Duft besprüht sind. Legen Sie ein Kissen auf Ihren Bürostuhl und schlingen Sie auch hier ein Band darum (Bänder sind magisch und erfüllen Alltagsgegenstände mit Zauberkraft) oder füllen Sie das Kissen direkt mit Duftsträußchen und Parfüm. So verdrängen Sie unpersönliche Gerüche an Ihrem Arbeitsplatz und erfüllen ihn mit Ihrem eigenen Parfüm.

✿ PARFÜMIEREN SIE IHRE SEIFE. Gute Seife ist häufig der teuerste Luxus, wenn man sie kauft, aber Sie können Ihre eigene schaffen, indem Sie ein Tuch mit Ihrem Parfüm besprühen und dieses um eine neutrale Seife wickeln. Bewahren Sie Seife und Tuch ein paar Wochen in einem dunklen Plastikbeutel auf. Danach haben Sie eine herrlich duftende Seife, die Ihren persönlichen Duft überall verbreitet.

✿ PARFÜMIEREN SIE KERZEN. Sie können überall verwendet werden. Zünden Sie eine Kerze an und lassen Sie sie ein paar Minuten brennen, bis das Wachs weich geworden ist. Blasen Sie sie wieder aus und träufeln Sie ein paar Tropfen Ihres Öls oder Parfüms darauf. Warten Sie, bis das Wachs wieder hart geworden ist. Wenn Sie die Kerze nach ein paar Minuten erneut anzünden, verströmt Sie Ihren Duft.

✿ ABER WENDEN SIE NICHT ALLE TIPPS GLEICHZEITIG AN. Denn ein Zuviel ist in der Welt der Düfte, wie auch sonst, alles andere als verführerisch.

Nützliche Adressen

Belladonna Naturkosmetik
Einzelhandel GmbH
Bergmannstraße 101
10961 Berlin
Telefon 030/6943 7 31

Talitha Naturmittel
Tichauer Straße
13125 Berlin
Telefon 030/94 20 86 26
030/94 32 101
Fax 030/94 32 261

Salon Heike Jedzig
Lüneburger Straße 10
21360 Vögelsen
Telefon 04131/12 90 30
Fax 04131/02 10 81

Kosmetik Bazar
Petra Lilje
Knochenhauerstraße 8
30159 Hannover
Telefon/Fax 0511/32 62 36

Ruth von Braunschweig
Heilpraktikerin u. Aromatherapie
Gehrenweg 13
34292 Ahnatal
Telefon 05609/15 44

Biogarten
Naturkost und Naturwaren
Handelsgesellschaft mbH, Großhandel
Liebigstraße 3
40721 Hilden
Telefon 02103/9503-0

Förderverein Aromatherapie
c/o Martin Henglein
Westenriederstraße 24
80331 München
Telefon 089/29 62 44

Forum Essenzia
Verein für Förderung, Schutz und
Verbreitung der Aromatherapie
und -pflege e.V.
Meier-Helmbrecht-Straße 4
81377 München
Telefon 089/714 53 91

Neumond
Düfte der Natur GmbH
Gewerbegebiet 2
82399 Raisting
Telefon 08807/94 08 00

Kräuter-Mieke GmbH
Ludwigstraße 8
89340 Leipheim
Telefon 08221/27 88 80
08221/722 72
08221/720 86
Fax 08221/73 99

Kräuter Mix GmbH
Wiesentheider Straße 4
97355 Abtswind
Telefon 09383/20 40

Frankreich

Espace Nature
B.P. 918
90020 Belfort Cedex
Telefon 03/84 22 51 64
Fax 03/84 22 90 74

Österreich

Ursuladen
Ursula Rinagl
Kirchengasse 2
5700 Zell am See
Telefon 0676/338 51 06
Fax 06543/85 41 85

Schweiz

natura line
Tannenweg 7
3053 Münchenbuchsee
Telefon 031/863 63 30
Fax 031/869 63 31

Natur Drogerie Würzenbach
Würzenbachstraße 17
6000 Luzern 15
Telefon 041/370 12 66

Stichwortverzeichnis

Danksagung

Es sind zu viele Menschen, als dass ich sie alle erwähnen könnte. Ich habe auf der ganzen Welt von vielen großzügigen Menschen gelernt. Die Begegnung mit Anthony Dweck bei Harrods vor drei Jahren hat mich tief beeindruckt; auch die mit Roger Phillips und Nicky Foy, deren Kräuterbuch eines der besten Nachschlagewerke ist, die ich besitze. Mein Dank gilt auch Candace Bahouth – ein Liebestrank in Menschengestalt – und ihrem weisen Mann Andrew; des Weiteren Saris und Astrid, die mich schon vor Jahren zu diesem Buch inspiriert hatten; Jan de Vries und Lesley Bremness, die mehr als jeder andere über Kräuter Bescheid wissen; und den Herstellern vieler Kräutertonika in meinem Geburtsort Somerset. Vielen Dank auch an P., die mich nicht nur inspirierte und an mich glaubte, sondern mir auch die afrikanischen Gewürze schenkte. Jim, Anne und Alison danke ich für ihre Unterstützung und ihre Professionalität. Und wenn Ihr Name auch hierher gehört, aber mangels Platz nicht erwähnt wird, wissen Sie doch, wer Sie sind und können sich meines Danks gewiss sein, weil Sie mich ermuntert und unterstützt haben. Seien Sie gesegnet!